# BEI GRIN MACHT SICH IHR
# WISSEN BEZAHLT

- Wir veröffentlichen Ihre Hausarbeit,
  Bachelor- und Masterarbeit

- Ihr eigenes eBook und Buch -
  weltweit in allen wichtigen Shops

- Verdienen Sie an jedem Verkauf

## Jetzt bei www.GRIN.com hochladen
## und kostenlos publizieren

**Bibliografische Information der Deutschen Nationalbibliothek:**

Die Deutsche Bibliothek verzeichnet diese Publikation in der Deutschen National-bibliografie; detaillierte bibliografische Daten sind im Internet über http://dnb.d-nb.de/ abrufbar.

**Impressum:**

Copyright © 2017 GRIN Verlag, Open Publishing GmbH
Druck und Bindung: Books on Demand GmbH, Norderstedt Germany
ISBN: 9783668418233

**Dieses Buch bei GRIN:**

http://www.grin.com/de/e-book/356495/erfolgreiche-forschungsantragsstellung-fuer-nachwuchswissenschaftler-ein

Anonym

# Erfolgreiche Forschungsantragsstellung für Nachwuchs-wissenschaftler. Ein didaktischer Schulungsentwurf

GRIN Verlag

**Schulungsteilnehmer: Nachwuchswissenschaftler**

**Zielkompetenz: Einen Forschungsantrag stellen**

Hausarbeit zum Modul 2B
„Allgemeine Didaktik und Mediendidaktik"

Angefertigt im B.Sc. Psychologie

an der FernUniversität in Hagen

Themenstellung am 09. Januar 2017

Vorgelegt am 20. Januar 2017

# Inhaltsverzeichnis

**Abbildungsverzeichnis**

**Tabellenverzeichnis**

# 1 Einleitung

*1.1 Zielsetzung:* Das Studium ist geschafft, sämtliche Prüfungen und Praktika wurden erfolgreich absolviert. Doch häufig stehen Nachwuchswissenschaftler, unmittelbar nach ihrem Abschluss vor einer neuen Herausforderung: Eigene Forschungsarbeiten sollen entstehen. Die Durchführung ist allerdings mit Kosten verbunden, die gedeckt werden müssen. Da über die Hochschulen nur begrenzt finanzielle Mittel realisiert werden können, müssen andere Geldquellen erschlossen werden. Es gibt die Möglichkeit mit einem Forschungsantrag Drittgelder zur Finanzierung durch externe Institutionen zu beantragen. Die Konkurrenz ist hierbei groß und auch hier sind die Mittel begrenzt. Das Ziel dieser Arbeit ist der Entwurf eines Seminars, das die Nachwuchswissenschaftler in ihren Vorhaben unterstützt einen erfolgversprechenden Forschungsantrag zu stellen. Im Folgenden wird ein Schulungskonzept, basierend auf dem Vier-Komponenten- Instruktionsdesign (4CID- Modell) von Jereon van Merriënboer angeführt. Dieses soll gezielt die erforderlichen Kompetenzen, im Rahmen eines Seminars, für eine erfolgreiche Forschungsantragsstellung vermitteln.

*1.2 4CID- Modell:* Das 4CID-Modell ist ein wissenschaftlich und empirisch erforschtes Instruktions-Modell und wurde ab Mitte der 1980er Jahre durch Jereon van Merriënboer entwickelt (Bastiaens, Deimann, Schrader, & Ort, 2015, S.90-92). Begründet wurde die Forschung zur Entwicklung von geeigneten Strategien zur Förderung von komplexem Lernen zum einen durch den Mangel an ausgereiften Trainingsstrategien zum Erwerb von komplexen Fähigkeiten im technischen Fachbereich. Zum anderen aufgrund der uneffizienten, unsystematischen Gestaltung mancher Aus- und Weiterbildungen, zum Beispiel der von Fluglotsen (Bastiaens et al., 2015, S.92). Das entwickelte Modell bezieht sich speziell auf das Training komplexer kognitiver Fähigkeiten und der vordergründigen Vermittlung von Handlungswissen (Niegemann et al., 2008, S. 32). Hierbei ist der Erwerb von Wissen funktional untergeordnet: „Wissen wird dabei nicht um seiner selbst willen vermittelt" (Niegemann et al., 2008, S. 32). Dementsprechend beinhaltet das 4CID-Planungskonzept nicht den verbindungslosen Erwerb einzelner Fertigkeiten, sondern befähigt die Lernenden dazu, die Fertigkeiten zu koordinieren und in einer ganzheitlichen Weise zu gebrauchen (Van Merriënboer, Clark & de Croock, 2002, S.40). Hierfür umfasst das 4CID-Modell, das auf kognitionspsychologischen Theorien des Lernens und Denken aufbaut, eine Vorgehensweise mit vier grundlegenden Komponenten (Niegemann et al., 2008, S. 32): Lernaufgaben, unterstützende

Informationen, prozedurale Informationen und Part-Task Practice (van Merriënboer, Kirschner, & Kester, 2003, S. 11). Diese vier Komponenten werden im weiteren Verlauf näher erläutert. Vorerst kann festgestellt werden, dass die Bildung der Gesamtkompetenz „Einen Forschungsantrag stellen", mit Hilfe der Verwendung des 4CID-Modelles mehrere zentrale Vorteile beinhaltet. Das Schreiben eines Forschungsantrages erfordert mehrere Teilfertigkeiten, die unter Zuhilfenahme des Modelles erlernt, trainiert und miteinander in Beziehung gebracht werden können, sodass sie zukünftig auf neue komplexe Problemstellungen übertragen werden können (Van Merriënboer et al., 2002, S.62).

*1.3 Szenario:* Die Fakultät für Kultur- und Sozialwissenschaften der FernUniversität Hagen bietet im kommenden Sommersemester ein Seminar zum Thema „Einen Forschungsantrag stellen" an. Dieses Angebot richtet sich an Nachwuchswissenschaftler. Das schließt nach der Definition der Europäischen Kommission „Wissenschaftler in den ersten vier Jahren (Vollzeitäquivalent) ihrer Forschungstätigkeit einschließlich ihrer Forschungsausbildungszeit" (Europäische Kommission, 2005, S.31) ein. Die Anzahl der Teilnehmer ist auf 15 Personen begrenzt und richtet sich an die Nachwuchswissenschaftler, die an der FernUniversität Hagen wissenschaftlich tätig sind bzw. in naher Zukunft tätig sein werden. Neben im Studium angeeigneten Kenntnissen über wissenschaftliches Schreiben, werden für die Teilnahme am Seminar grundlegende EDV-Kenntnisse vorausgesetzt, zudem sollte jeder Teilnehmer über einen Laptop mit Internetzugang verfügen. Da es, neben theoretischen Einheiten, auch praktische Übungen geben wird, sind umfassende Kenntnisse über das angestrebte Forschungsthema für teilnehmende Nachwuchswissenschaftler von Vorteil. Der Lehrende ist eine wissenschaftliche Lehrkraft und verfügt über praktische Kenntnisse bezüglich der Forschungsantragstellung, langjährige Berufserfahrung und sehr gute 4CID-Kenntnisse. Das Seminar findet in einem Zeitraum von zwei Monaten statt. Die Lerneinheiten sind zum einen in Form von Präsenzveranstaltungen (vier Blockwochenenden) in den Räumlichkeiten der FernUniversität in Hagen, zum anderen auf virtueller Basis geplant.

*1.4 Virtualität:* „ELearning ist bis heute kein fester Begriff für ein eindeutiges Phänomen ... Die ausbleibende definitorische Einigkeit begründet sich auch in der Vielfalt an Ausprägungsformen, in welchen E-Learning auftreten kann"

(Schütt, 2015, S.50). Hierbei unterscheiden sich die E-Learning-Angebote im Grad ihrer Virtualität. So zeichnen sich Angebote mit einem hohen Grad an Virtualität aus, wenn sie vorrangig oder ausschließlich virtuell organisiert werden, das heißt ohne physische Funktionalität und einem Maximum der Virtualität einhergehen. Als Gegenstück können beispielsweise Veranstaltungen im Weiterbildungsbereich benannt werden, die mit einer physischen Präsenz veranstaltet werden und eine elektronische Kommunikationsmöglichkeit wie Forennutzung als virtuelle Anwendung integrieren. Eine Mischung aus beidem sind Blended-Learning-Veranstaltungen, die sowohl Face-to-Face als auch virtuell ablaufen (Schütt, 2015, S.50-51). Der angebotene Schulungsentwurf soll in Form einer Blended-Learning-Veranstaltung angeboten werden. Somit finden die Seminare vorwiegend in Form von Präsenzveranstaltungen statt. Zudem wird die Plattform „Moodle" für die Teilnehmer zum gegenseitigen Austausch zur Verfügung gestellt. Des Weiteren werden einzelne Themen dort als Videovorlesung präsentiert. Zu den einzelnen Themenblöcken wird das Lernmaterial der Seminareinheiten eingestellt und Aufgaben zur Übung und Vertiefung angeboten (Baumgartner, 2016, S.30).

**2 Theoretischer Exkurs**

*2.1 Pfadabhängigkeit:* Eine systematische Beschäftigung zur Optimierung menschlicher Lehr-Lern-Prozesse wird sowohl durch die Allgemeine Didaktik (AD) als auch durch das Instructional Design (ID) verfolgt. Trotz der Erfolge des ID, herrschen im deutschsprachigen Raum bis heute didaktische Ansätze vor (Bastiaens et al., 2015, S.55). Diese Bevorzugung soll mithilfe des Konzeptes der Pfadabhängigkeit erklärt werden. Der Begriff der Pfadabhängigkeit stammt ursprünglich aus der Technikgenese. Hierbei werden während der technischen Entwicklung Entscheidungen zugunsten möglicher Entwicklungsvarianten getroffen. Diese nehmen Einfluss auf den gegenwärtigen und zukünftigen Zustand (Klebl, 2015, S.71) und werden als Pfad bezeichnet (Klebl, 2015, S.13). Der Pfad bietet durch seine Stabilisierung ökonomische Vorteile: durch das Beibehalten der ausgewählten Technik, gleicht sich der anfängliche Kostenaufwand wieder aus. Allerdings bewirkt. Die Stabilisierung eine Eigendynamik, die als Momentum bezeichnet wird. Je mehr Gemeinschaften, Einrichtungen etc. dieselbe Entscheidung verfolgen, desto größer wird die Masse, die sich in eine Richtung bewegt und desto komplizierter wird es, sie auf dem Pfad in eine andere Richtung zu lenken (Klebl, 2015, S.71). Infolgedessen entsteht ein stabiles Stadium, das „Locked-in", bei dem eine Änderung unmöglich ist (Klebl, 2015, S.71). Das Momentum in Deutschland könnte die frühe Entwicklung des AD, im Vergleich zum ID sein. Bereits im 17. Jahrhundert ist eine umfassende didaktische Lehre von Johann Amos Comenius zu benennen: „Didactica magne". Zudem wurden seither didaktische Modelle entwickelt (Terhart, 2015, S.52), und seit Mitte des 20. Jahrhunderts, ist sie als Wissenschaft anerkannt und Bestandteil der Lehrerausbildung (Bastiaens et al., 2015, S.44). Das ID hingegen wurde erst im Zweiten Weltkrieg entwickelt. Ziel des ID ist es unter anderem, unter Berücksichtigung individueller Voraussetzungen und Rahmenbedingungen, die jeweils geeigneteste Lehrmethode zu benennen. Somit wendet es sich von der Suche nach allgemeingültigen Wissen, wie in der AD verfolgt, ab (Bastiaens et al. 2015, S.32). Infolgedessen wäre eine Entwicklung von AD in Richtung ID in Deutschland, insbesondere in Hinblick auf Lehrerausbildung, mit grundlegenden methodischen und organisatorischen Umstrukturierungen und somit mit erheblichen Aufwand und Kosten verbunden.

*2.2 Unterschied zwischen Didaktik und Instruktionsdesign:* Die Allgemeine Didaktik versteht sich als Handlungswissenschaft. Sie legt ihren Schwerpunkt traditionell auf die schulischen Lehr-Lern-Vorgänge und das Aufzeigen von Handlungsorientierungen an die lehrende Person. Hierbei rücken die Prozesse an Hochschulen in der beruflichen Aus- und Weiterbildung in den Hintergrund (Bastiaens et al., 2015, S.55). Dieser Vernachlässigung wirkt das Instruktionsdesign entgegen. Es zählt zu den angewandten Wissenschaften und bezieht sich unter anderem auf die zentralen Konzepte der Lernpsychologie nach Robert M. Gagné. Gagné berücksichtigte nicht nur das Aufzeigen einer „richtigen" Lernmethode, sondern schloss auch die Lernvoraussetzungen und Rahmenbedingungen ein, um eine geeignete Lernmethode zu finden (Bastiaens et al., 2015, S.34). Der Hauptanwendungsbereich des Instruktionsdesigns konzentriert sich heute auf die Erwachsenenbildung, mit einem Fokus auf Lernumgebungen und den Lernenden (Bastiaens et al., 2015, S.32-34).

*2.3 Bezugstheorie des 4CID-Modells:* Das 4CID-Modell baut auf einer großen Anzahl von psychologischen Theorien auf. Eine bildet der Cognitve Apprenticeship (CA) (van Merriënboer et al., 2003, S.5). Publiziert wurde der CA unter anderem in „Essays on honor of Robert Glaser", im Kapitel mit dem Namen: „ Cognitive apprenticeship: Teaching the craft of reading, writing and mathematics" (Collins, Brown, & Newman, 1989). Entwickelt durch Collins,

Brown und Newman im Jahr 1989, orientiert sich der Ansatz am Ablauf eines Lehrlingsverhältnisses und beabsichtigt das Modell der Handwerkslehre in den Bereich der schulischen Bildung zu übertragen. Zahlreiche Lehr- und Lernmodelle richten ihren Schwerpunkt häufig auf die Vermittlung von Faktenwissen aus. Die Vertreter des CA sind motiviert, diesem „...trägem Wissen (inert knowledge)- Wissen das isoliert ist und nicht auf neue Aufgaben angewendet werden kann..." (Markowitsch, Messerer, & Prokopp, 2004, S.118) entgegenzuwirken. Zentrale Elemente hierbei bilden Beobachtung, Betreuung und die schrittweise Annäherung an die eigenständige Aufgabenlösung. Ähnlich dem Kontext einer Lehrlingsausbildung, kann der Lernende zunächst den Experten beobachten und wird bei der Bewältigung neuer Aufgaben zunächst durch diesen unterstützt (Markowitsch et al., 2004, S.118). Im weiteren Verlauf soll der Lernstoff mit steigendem Schwierigkeitsgrad und gleichzeitig sinkender Unterstützung durch den Lehrenden konstruiert werden. Der Zusammenhang mit dem 4CID-Modell ist in den Aufgabenklassen und Lernaufgaben zu erkennen. Beim sogenannten Scaffholding nimmt der Schwierigkeitsgrad der Aufgabenklassen sukzessiv zu, und die schrittweise Zurücknahme der Hilfestellungen durch den Lehrenden ermöglicht den Lernenden schließlich die selbstständige Ausführung von Aufgaben.

### 3 Hierarchische Kompetenzanalyse

*3.1 Hierarchiefunktion:* Die Erstellung einer Fertigkeitenhierarchie bildet den Grundstein für einen Schulungsentwurf des 4CID-Modells. Zunächst wird eine hierarchische Kompetenzanalyse durchgeführt, die darauf abzielt die komplexe Gesamtkompetenz in einzelne konstituierende Teilfertigkeiten zu zerlegen und die Zusammenhänge zwischen den Fertigkeiten aufzuzeigen (Bastians et al., 2015, S.95). Hierbei können horizontale und vertikale Relationen unterschieden werden (van Merriënboer et al., 2002, S.40-41). Weiterhin werden die rekurrenten und non-rekurrenten Fertigkeiten identifizierbar und es können geeignete Aufgabenklassen und Lernaufgaben für den Schulungsentwurf entwickelt werden (van Merriënboer et al., 2002, S. 42).

*3.2 Hierarchieerstellung:* Die im Folgenden erstellte Hierarchie (Abb.1), wurde mit Hilfe des Aufsatzes von Gudrun Schwarzer „Forschungsanträge verfassen" ( Scharzer, G., 2001, S. 141-156) erstellt und soll die Gesamtkompetenz „Einen Forschungsantrag stellen" in ihren konstituierenden Teilfertigkeiten aufzeigen. In Hinblick auf die vertikalen Verbindungen stellen die jeweils unteren

Tätigkeiten Fertigkeiten dar, die erlernt werden müssen, bevor mit den Darüberstehenden begonnen werden kann. Beispielsweise muss der Antragsteller zunächst eine fördernde Institution ermitteln, bevor er die Richtlinien und Fristen abklären kann. Dieser Vorgang wird mit einer Linie veranschaulicht. Die Horizontalen stellen hierbei den zeitlichen Kontext zwischen den Teilfertigkeiten dar, und werden in ihrer zeitlichen Reihenfolge von links nach rechts angeordnet. Dementsprechend muss zunächst eine gewisse Vorbereitung stattfinden, bevor der Gesamtantrag verfasst werden kann. Im Gegensatz zu den vertikalen Verbindungen, existieren hier nur Verbindungslinien insofern Tätigkeiten gleichzeitig ausgeführt (Doppelpfeil) oder ausgetauscht (gestrichelter Doppelpfeil) werden können.

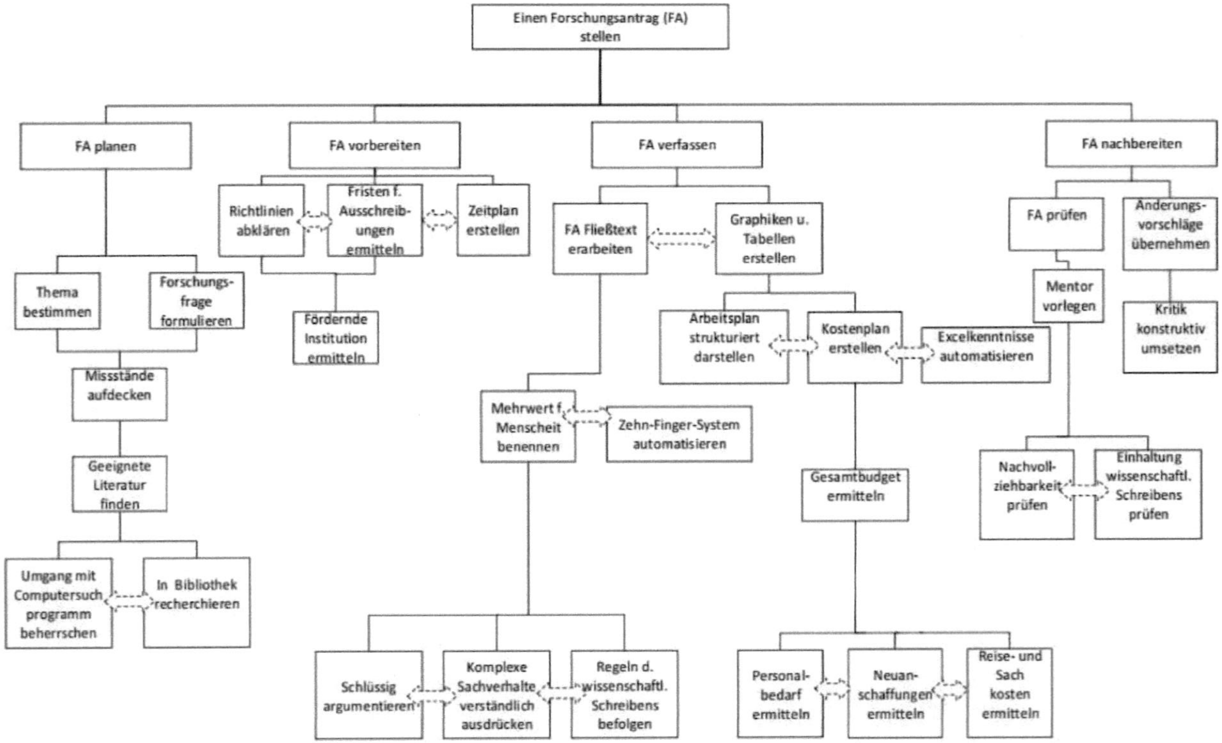

Abb. 1: Fertigkeitenhierarchie zu "Einen Forschungsantrag stellen" (Quelle: Eigene Abbildung)

*3.3 (Non-)Rekurrente Fertigkeiten:* Die Differenzierung zwischen rekurrenten und non-rekkurenten Teilfertigkeiten ist von großer Bedeutung, da es für einen wirksamen Erwerb der einzelnen Fertigkeiten notwendig ist, dass unterschiedliche Instruktionsmodelle zum Einsatz kommen (Kirschner & van Merriënboer , 2008, S.248). Die rekurrenten Fähigkeiten laufen wiederkehrend, das heißt nach demselben oder ähnlichen Muster ab und sollten aufgrund dessen eingeübt und automatisiert werden. Vorliegend stellt „Gesamtantrag schreiben" eine rekurrente Teilfertigkeit dar. Dementsprechend ist die häufige Nutzung des Textverarbeitungsprogramms Word von Vorteil, da es eine routinierte Anwendung, ohne weiteres Einarbeiten ermöglicht. Dem entgegen sind non-rekurrente als nicht-wiederkehrende Fähigkeiten komplex und individuell. Sie erfordern variierendes Verhalten und basieren auf kognitiven Schemata (Kirschner et al., 2008, S.248). Eine situationsbedingte Herangehensweise erfolgt in der vorliegenden Hierarchie, beispielsweise in der Themenbestimmung und der dazugehörigen Literaturrecherche. Diese Teilfertigkeiten werden bei jeder Antragstellung benötigt, beziehen sich jedoch immer auf unterschiedliche Themen. Aufgrund dessen variieren die Lösungswege und der Aufbau von kognitiven Schemata, und die Bereitstellung von unterstützenden Informationen zum erfolgreichen Lösen der Aufgabe sind notwendig (Bastiaens et.al., 2016, S.92).

**4 Bildung von Aufgabenklassen**

*4.1 Funktion:* Aufgrund der Sequentialisierung der Aufgabenklassen, ist es möglich entsprechende Lernaufgaben zu gestalten. Zu Beginn sollte die Schulung daraufhin ausgearbeitet sein, dass die Lernenden nicht mit hochkomplexen Lernaufgaben konfrontiert werden, da dies zu einer möglichen kognitiven Überlastung oder Beeinträchtigung der Leistung führen könnte (van Merriënboer, Kirschner, & Kester, 2003, S. 6). Stattdessen soll die Bildung von Aufgabenklassen mit Hilfe des „simple-to-complex-Schemas" ausgeführt werden. Zunächst werden leichtere Aufgaben gestellt, die im Verlauf einen ansteigenden Schwierigkeitsgrad aufweisen. Aufgrund der Wiederholung von Aufgaben mit demselben Schwierigkeitsgrad, können diese durch den Lernenden in ganzheitlicher Form so oft variiert und geübt werden, bis genügend Wissen und Fertigkeiten erreicht werden, um in die folgende, komplexere Aufgabenklasse überzugehen (van Merriënboer et al., 2002, S. 44f.).

*4.2 Vereinfachende Annahmen und Aufgabenklassen:* Der Schulungsentwurf erfolgt nach dem Sequenzprinzip der vereinfachenden Annahmen. Folgend werden vier instruktional umsetzbare Parameter genannt, die jeweils drei Aufgabenklassen mit ansteigendem Schwierigkeitsgrad beinhalten (Bastiaens et al., 2015, S. 96):

**Vorbereitung**: Insofern das Forschungsthema bereits in Hinblick auf seinen Mehrwert eruiert wurde und umfassende Kenntnisse über das Forschungsthema bestehen, sind nur wenige Vorarbeiten nötig. Wurde das Forschungsthema zwar bereits auf Mehrwert eruiert, jedoch noch keine ausreichenden theoretischen Kenntnisse erworben, sind mehr Vorarbeiten notwendig. Steht bisher nur das Forschungsthema fest und es gibt nur grobe Kenntnisse zum Thema, desto mehr Vorarbeiten sind notwendig.

**Schlüssige Argumentation**: Stellt die Forschungsarbeit einen großen Mehrwert für die Menschheit dar, ist eine schlüssige Argumentation für eine Finanzierung leicht zu formulieren. Insofern das Forschungsergebnis zwar nützlich, aber keine hohe Innovation darstellt, ist die Notwendigkeit einer schlüssigen und überzeugenden Argumente höher und zugleich schwerer. Ist kein Verhältnis von Nutzen und dem Forschungsaufwand vorhanden, wird es sehr kompliziert eine schlüssige Begründung zu formulieren.

**Benötigte Neuanschaffungen**: Besteht für die Forschungsdurchführung nur der Bedarf an einem Sachmittel, da bereits Räumlichkeiten mit der benötigten Ausrüstung zur Verfügung stehen, kann das benötigte Budget leichter begründet werden als für die Neuanschaffung von umfangreicher Ausrüstung. Je mehr Ausrüstung benötigt wird, desto schwerer ist dies zu begründen.

**Zeitplan**: Je realistischer und strukturierter der Zeitplan hinsichtlich der Abgabefrist erstellt wurde, umso reibungsloser und erfolgversprechender kann der Antrag gestellt werden. Wenn bis zu der Frist der Ausschreibung nur wenig Zeit zur Verfügung steht, und der Zeitplan zwar strukturiert aber von seiner Umsetzung eher unrealistisch ist, umso schwerer wird es ihn einzuhalten und umso größer ist der Zeitdruck. Je weniger Zeit zur Verfügung steht und je enger der Zeitplan strukturiert ist, desto immenser ist der Termindruck und die Wahrscheinlichkeit von Blockaden.

Tabelle 1: Entwurf der Aufgabenklassen (eigene Darstellung)

| Vereinfachende Annahmen | Aufgabenklasse 1 | Aufgabenklasse 2 | Aufgabenklasse 3 |
|---|---|---|---|
| Vorbereitung | Sehr gute Vorbereitung | Gute Vorbereitung | Wenig Vorbereitung |
| Schlüssige Argumentation | Großer Mehrwert | Nützlicher Mehrwert | Kein Nutzen/Aufwand Verhältnis |
| Benötigte Neuanschaffungen | Eine/ wenige Neuanschaffung(en) | Einige Neuanschaffungen | Viele Neuanschaffungen |
| Zeitplan | Gut strukturiert; umsetzbar | Strukturiert; bedingt umsetzbar | Eng strukturiert; kaum umsetzbar |

## 5 Entwicklung von Lernaufgaben

*5.1 Lernaufgaben:* Die Lernaufgaben stellen den Kern des 4CID-Modells dar und sollten so gestaltet sein, dass alle relevanten Fertigkeiten, die für die Zielkompetenz bedeutend sind berücksichtigt werden. Bedeutsam ist die realitätsnahe und variable Gestaltung (Kirschner et al., 2008, S.246). Während der Bearbeitung erhalten die Lernenden zu Anfang maximale Unterstützung durch den Lehrenden, die kontinuierlich abnimmt und schließlich entfällt. Dieser Prozess wird im Rahmen des Sequenzierungprinzips als „Scaffholding" bezeichnet (van Merriënboer et al., 2002, S.63). Folgend werden drei Lernaufgaben der Aufgabenklasse I aufgeführt:

**Lernaufgabe 1 (Lösungsbeispiel):** Die erste Aufgabe beinhaltet ein Lösungsbeispiel in Form eines erfolgreich gestellten und bewilligten Forschungsantrags. Es werden Ratschläge für die Recherche der zutreffenden fördernden Institution gegeben und Beispiele vorgestellt. Anschließend erhält jeder Teilnehmer eine Kopie des Antrages und gemeinsam werden einzelne Kriterien besprochen. Der Lehrende fasst, einen Laptop mit angeschlossenem Beamer nutzend, die notwendigen Schritte zusammen. Insofern Fragen auftreten, steht der Lehrende jederzeit zur Verfügung. Zudem wird am Ende der Lehreinheit genügend Zeit für eine Abschlussrunde eingeplant, in der jeder Teilnehmer seinen Eindruck wiedergeben kann und die Möglichkeit hat Unklarheiten zu klären (Bastiaens et al., 2015, S.100).

**Lernaufgabe 2 (Vervollständigungsproblem):** Die Seminarteilnehmer erhalten erneut einen Forschungsantrag, diesmal jedoch ein Exemplar das abgelehnt wurde. In Kleingruppen werden mögliche Fehler diskutiert - in Bezug

12

auf inhaltliche und formale Aspekte. Des Weiteren wird auf die Institution eingegangen, bei der der Antrag gestellt wurde. Anschließend erhalten sie, in Form einer Word-Datei einen dritten Forschungsantrag, den sie selbstständig überarbeiten. Die Fehler sind auf einem einfachen Komplexitätsniveau angesiedelt. Zudem kann während der Überarbeitung mit Hilfe des Laptops im Internet recherchiert werden. Abschließend wird die Gesamtaufgabe durchgesprochen und ein Lösungsmodell zur Verfügung gestellt (Bastiaens et al., 2015, S.101).

**Lernaufgabe 3 (Konventionelles Problem):** Der Lehrende stellt den Seminarteilnehmern ein Forschungsthema vor, für welches ein Forschungsantrag gestellt werden soll. Hierbei wird die Aufgabe gestellt, dass jeder Lernende ein „Forschungsexposé" zu diesem Thema schreibt. Dabei sollen alle wichtigen Aspekten beachtet werden. Zudem soll eine passende Institution ermittelt werden, die für die finanzielle Förderung in Frage kommt. Die Bearbeitung der Lernaufgabe soll am Laptop durchgeführt werden. (Bastiaens et al., 2015, S.102-103).

*5.2 Variabilität:* Die Lernaufgaben sollen möglichst Problemstellungen beinhalten, die variabel, vielfältig und komplex sind. Zudem sollten sie mit unterschiedlichen, realistischen Situationen verknüpft sein, um den Aufbau kognitiver Schemata zu unterstützen und infolgedessen den Wissenstransfer von Theorie zu Praxis zu erhöhen (Bastiaens et al., 2015, S.99). Bei den oben aufgeführten Lernaufgaben mit der Zielkompetenz „Einen Forschungsantrag stellen" ist die Variabilität aufgrund der Bearbeitung unterschiedlicher Forschungsthemen gegeben. Auch die eigenständige Recherche einer passenden, fördernden Institution und zudem die Korrektur des Negativbeispiels, ermöglichen eine hohe Variabilität und den damit einhergehenden Transfer von kognitiven Leistung vom Lernbeispiel auf die Praxis.

*5.3 Mediale Umsetzung:* Das verwendete Hauptmedium, wird als primäres Medium bezeichnet (Bastiaens et al., 2015, S.108). Dieses soll ermöglichen, dass der Lernende während der Bearbeitung der Lernaufgaben durch induktive Lernprozesse in Bezug auf konkrete Erfahrungen stabile, kognitive Schemata aufbauen kann (van Merriënboer & Kirschner, 2013, S.31). Sowohl in der zweiten als auch in der dritten Lernaufgabe wird der Laptop zur Bearbeitung der Aufgaben genutzt und stellt in diesem Rahmen das primäre Medium dar.

*5.4 Fidelity:* Mittels Fidelity kann auf die reale Arbeitsumgebung Bezug genommen werden. Hierbei wird geprüft, inwieweit die konstruierte Lernumgebung der realen Arbeitsumgebung entspricht. Es wird zwischen zwei Formen von Fidelity unterschieden. Ist die konstruierte Umgebung der real existierenden Umgebung ähnlich, handelt es sich um „High fidelity". Dem entgegen stellt „Low fidelity" eine realitätsferne Umgebung dar (Bastiaens et al., 2015, S.109). Diesbezüglich beinhaltet die Lernaufgabe 1 eine „Low fidelity", da die Erstellung eines Antrages nur theoretisch besprochen wird und die Lernenden den Ausführungen lediglich passiv zuhören. Lernaufgabe 3 dagegen kann einer „High fidelity" zugeordnet werden. Hierbei stellt der Laptop das primäre Medium dar, welches auch bei der zukünftigen Antragstellung und Recherche der fördernden Institutionen genutzt wird.

*5.5 Didaktische Szenarien:* Karl- Heinz Flechsig veröffentlichte im Jahr 1996 sein „Kleines Handbuch der didaktischen Modelle", in dem er zwanzig didaktische Modelle vorstellt und in diesem Rahmen für eine didaktische Vielfalt plädiert (Baumgartner, 2015, S.64). Eine Umsetzung dieser Modelle bezüglich der angeführten Lernaufgaben ist möglich und wird exemplarisch an Lernaufgabe 1 und 2 veranschaulicht. Der Frontalunterricht bildet in der schulischen Unterrichtspraxis das vorherrschende didaktische Modell. Hierbei steht das lehrergesteuerte Gespräch und der Lehrende im Zentrum und vermittelt fachspezifisches Orientierungswissen. Zur Darstellung können unterschiedliche Hilfsmittel, in Form von Schrift- und Bildmedien eingesetzt werden. Lernaufgabe 1 kann an die genannten Aspekte angepasst werden: Der Lehrende informiert die Lernenden über inhaltliche und formale Aspekte der Antragstellung. Zudem stellt er verschiedene fördernde Institutionen vor, die als mögliche Adressaten in Frage kommen. Dieses Modell kann angewendet werden, um den Lernenden einen Überblick zu verschaffen und eine Einleitung zum folgenden Seminarverlauf zu schaffen. Anschließend sollte jedoch auf dieses didaktische Modell verzichtet werden, da nur geringe Aktivität von Lernenden eingebracht werden kann (Flechsing, 1996, S. 97-99). Dem hingegen bietet die Fallmethode eine größere Aktivität von Seiten der Lernenden und bildet eine gute Grundlage, um die Urteils- und Entscheidungsfähigkeiten der Lernenden zu schärfen. Mithilfe des Negativbeispiels aus Lernaufgabe 2 wird ein praxisnaher Fall ermöglicht, der von den Lernenden bearbeitet und gelöst werden soll (Flechsig, 1996, S.62). Vorteil dieser Anwendung ist, dass die Lernenden sich mit der Rolle eines Gutachters identifizieren können und zukünftig bei eigener Antragstellung wissen, auf welche Aspekte geachtet werden muss.

## 6 Prozedurale und unterstützende Informationen

*6.1 Unterstützende Information:* Innerhalb des 4CID-Modells wird zwischen unterstützenden und prozeduralen Informationen unterschieden. Die unterstützenden Informationen (UI) sollen als Fundament dienen und den Lernenden ermöglichen, in neuen und variierenden Situationen eigenständig und zielführend zu handeln. Somit dienen sie dem Erwerb von non-rekurrenten Fertigkeiten, durch den Aufbau neuer oder die Verknüpfung mit bereits existierenden kognitiven Schemata. UI zeigen die Organisation eines Bereiches auf, und wie die Aufgaben gelöst werden können. Somit sind UI sowohl für sämtliche Lernaufgaben als auch Aufgabenklassen von hoher Relevanz. Aus diesem Grund werden sie zu Beginn zur Verfügung gestellt und können durch die Lernenden während des gesamten Zeitraumes genutzt werden (Kirschner et al., 2008, S.248). Die UI können anhand unterschiedlicher Methoden bereitgestellt werden. Das 4CID-Modell empfiehlt diesbezüglich eine induktiv-darlegende Methode. Hier werden Modellvorbilder und Fallbeispiele aufgezeigt und Information in Bezug auf die Inhalte erläutert (Bastiaens et al., 2015, S.104.) Diese Vorgehensweise ist insbesondere für Lernende mit geringen Vorkenntnissen von Vorteil (van Merriënboer et al., 2002, S.49). In diesem Schulungsentwurf wird die UI in Form einer Informationsmappe ausgehändigt, die dem Lernenden während der Bearbeitung von Lernaufgabe 2 und 3 unterstützt. Diese Informationen zur Kalkulationen des Gesamtbudgets zeigt einerseits auf, welche Mittel beantragt werden können und wie benötigte Ausstattung ermittelt werden kann. Auch eine Auflistung einzelner Institutionen, die Drittgelder vergeben ist darin enthalten. Mit diesen Informationen wird der Lernende in der Teilfertigkeit „Gesamtbudget kalkulieren" und „Fördernde Institution ermitteln" trainiert und unterstützt. Nach der Bearbeitung der Aufgabe, erhält der Lernende eine Rückmeldung zur Qualität der Ausübung dieser non-rekurrenten Fertigkeit (Bastiaens et al., 2015, S.105).

*6.2 Prozedurale Information:* Prozedurale Informationen (PI) unterstützen als dritte Komponente der 4CID- Modells den Lernenden bei wiederkehrenden Problemstellungen. Somit haben sie eine Relevanz für den Erwerb, die Ausführung und die damit einhergehende Automatisierung von rekurrenten Fertigkeiten. PI werden auch als „Just-in-time" bezeichnet, da diese dem

Lernenden bereitgestellt werden, wenn sie zur Bewältigung der Aufgabe benötigt werden (Bastiaens et al., 2015, S. 107). Sobald die notwendige Fertigkeit durch den Lernenden erlernt wurde, werden die PI schrittweise reduziert und entfallen letztendlich, das sogenannte „Fading" ( Kirschner et al., 2008, S.248). Die Teilfertigkeit „Tabellenprogramm Excel benutzen" ist rekurrent und sollte in ihren Grundzügen zukünftig immer routinierter ausgeübt werden. Bezüglich der Zielkompetenz wird sie vorerst für die Aufstellung und Berechnung des Gesamtbudgets benötigt. Neben der Kostenkalkulation ist Excel sehr hilfreich, um einen Zeitplan zu erstellen oder einzelne Planungsschritte zu veranschaulichen. Zur Tabellenerstellung und Verfestigung unterschiedlicher Anwendungsmöglichkeiten des Programmes, werden in der Moodle- Umgebung Informationstexte und Lösungswege zeitgleich mit der jeweiligen Aufgabenstellung zur Verfügung gestellt. Des Weiteren verfügt Excel über eine integrierte „Hilfe"- Funktion, die aufgerufen werden kann und je nach Schwierigkeitsumfang auf eine weiterführende Internetseite verweist. Diese PI stehen dem Lernenden leicht zugänglich zur Verfügung. Im Lernprozess wird der Lernende immer seltener auf diese Hilfestellungen zurückgreifen, je mehr sich die kognitiven Kompetenzen steigern und eine routinierte Anwendung entwickelt wurde (Bastiaens et al., 2015, S.110-113).

*7 Part-task practice:* Die vierte und letzte Komponente des 4CID-Modells beinhaltet die Part-task practice. Diese kommt zur Anwendung, insofern eine rekurrente Teilfertigkeit ein hohes Level an Automatisierung verlangt, die aufgrund ganzheitlich angelegter Lernaufgaben infolge unzureichender Wiederholung nicht gewährleistet werden kann (van Merriënboer et al., 2002, S.53). Part-task practice wird infolgedessen in ein Trainingsprogramm integriert, wenn die Automatisierung einer Teilfertigkeit hilfreich und gewünscht ist (van Merriënboer et al., 2013, S.21). Im Zusammenhang mit dem Seminar „Einen Forschungsantrag stellen" stellt die Anwendung des „Zehn-Finger-Systems" das Part-task practice dar. Die Automatisierung dieser Teilfertigkeit würde das Ausüben der Gesamtkompetenz enorm verbessern, da ein Zeitgewinn und eine Arbeitserleichterung bei der Arbeit mit Computern zu benennen sind. Zusätzlich kann durch die Automatisierung ermöglicht werden, dass die gesamte Konzentration auf dem Textinhalt ruht und keine Wechsel zwischen Texteingabe und Textinhalt besteht. Für das Erlernen des Zehn-Finger-Systems bedarf es einer hohen Anzahl zu wiederholender Übungen. Zur gezielten Beherrschung wird auf der Moodle-Plattform ein Modul zur Verfügung gestellt.

Ein Video stellt die theoretischen Grundlagen, wie zum Beispiel die korrekte Handstellung dar. Des Weiteren werden unterschiedliche Schreibübungen in Audio- und Textform angeboten. Die Aufgaben sind nach dem Schwierigkeitsgrad angeordnet. Zunächst geht es ausschließlich um die Umsetzung und Einübung des Zehn-Finger-Systems. Anschließend wächst die Aufgabenkomplexität in Hinblick auf Richtigkeit und Schnelligkeit stetig an.

## 8 Fazit

*8.1 Verortung im ADDIE- Phasenmodell:* Das Instructional Design (ID) beinhaltet mehrere Teilschritte, die der Erreichung des übergeordneten Zieles der Instruktion dienen. Zur zufriedenstellenden Umsetzung folgt das ID der Instructional Technology. Diese umfasst das ADDIE-Modell mit den fünf Phasen: Analyse, Design, Development (Entwicklung), Implementation und Evaluation. Unterschiedliche ID-Modelle können den jeweiligen Phasen zugeordnet werden. Das 4CID-Modell kann in den Phasen Analyse und Design verortet werden. Die Phase der Analyse legt die Ziele, Merkmale der Lernenden und Rahmenbedingungen des Schulungszieles fest und findet sich in dem vorliegenden Entwurf im spezifischen Szenario und in der ganzheitlichen Fertigkeitenhierarchie wieder. In der Phase Design werden die Instruktionsziele in Lern.- beziehungsweise Kursziele transformiert. Konkrete thematische Inhalte werden spezifiziert und die jeweilige Bearbeitungszeit wird angegeben. Diese Phase stellt den Hauptteil der Schulungsmaßnahme dar und wird zum einen durch die Erstellung von Aufgabenklassen und Lernaufgaben umgesetzt, zum anderen durch die Part-task practice, die unterstützenden und prozeduralen Informationen. Miteingeschlossen sind in diesem Rahmen die jeweiligen Zeitangaben und die Spezifikation der thematischen Inhalte (Bastiaens, 2015, S.36-37). Die drei weiteren Phasen, des ADDIE-Modells - Development, Implementation und Evaluation - werden im Rahmen des 4CID-Modells nicht abgedeckt. Die Phasen des ADDIE-Modells stehen in einem iterativen Verhältnis zueinander und sollten aufgrund dessen mit anderen Modellen umgesetzt werden. In Bezug auf diesen Entwurf, wäre das im Voraus erstellte Schulungsmaterial für die Phase Development vorhanden, jedoch wäre ein Pilottest mit den Lernenden aus der zukünftigen Zielgruppe sehr zeitaufwändig (Bastiaens et al., 2015, S.36). Alternativ könnten die Arbeitsmaterialien durch andere Arbeitsgruppenleiter kontrolliert und überarbeitet werden, und Informationen für die späteren Lehrenden des Seminars erstellt werden (Bastiaens et al, 2015, S.36). Die Phase der Implementation beinhaltet die praktische Umsetzung des theoretisch entwickelten Schulungsentwurfes. Hierbei werden die Lernmaterialen und Aufgaben zur Bearbeitung an die Zielgruppe verteilt. Während der Bearbeitung wird Unterstützung durch den Lehrenden angeboten. In der letzten Phase des ADDIE-Modells, der Evaluation, soll ein Verfahren in Hinblick auf Überarbeitung und Optimierung entwickelt werden (Bastiaens et al., 2015, S.37). In Bezug auf den vorangegangenen Entwurf sollte überprüft werden, ob alle benötigten Teilfertigkeiten vollständig und ausreichend trainiert werden konnten, um die Zielkompetenz „Einen Forschungsantrag stellen" zukünftig erfolgreich umsetzen zu können.

*8.2 Stärken-Schwächen- Abschätzung:* Bereits mit Bezug auf 8.1 ist eine Schwäche zu benennen; das 4CID-Modell deckt nur die ersten beiden Phasen des ADDIE-Modells ab, sodass beispielsweise keine Verbesserungen in Bezug auf rückbezogenes Feedback ausreichend durchgeführt werden können. Eine Stärke bildet die auf dem Cognitive Apprenticeship basierende, schrittweise Annäherung an die eigenständige Aufgabenlösung. Diese wird mithilfe der Aufgabenklassen und Lernaufgaben aufgrund des sukzessiv steigenden Schwierigkeitsgrades und der schrittweisen Zurücknahme der Hilfestellungen ermöglicht. Die zu erlernenden Teilkompetenzen, wie das „Zehn-Finger-System", Umgang mit Excel und schlüssiges Argumentieren stellen nicht nur in Bezug auf die Zielkompetenz eine wichtige Grundlage dar, sondern unterstützen die Nachwuchswissenschaftler auch in ihrer Arbeit über den Forschungsantrag hinaus. Wie in 1.3 erwähnt, erleichtern umfassende Kenntnisse zum Forschungsthema die Antragsstellung enorm. Mit diesem Schulungsentwurf haben gerade die Nachwuchswissenschaftler, die sich mit ihrem Forschungsthema vertiefend auseinandergesetzt haben, die Möglichkeit, sämtliche Aufgaben direkt in Bezug auf das eigene Forschungsthema zu erarbeiten. Besonders gewinnbringend ist der Schulungsentwurf für die Teilnehmer, die viel Eigeninitiative aufbringen und neben den Blockseminaren auch die ergänzenden Angebote auf der Moodle-Plattform wahrnehmen. Die zeitintensive Erarbeitung einzelner Teilkompetenzen, stellt eine mögliche Schwäche des Schulungsentwurfs dar. Hierbei ist die Kompetenz des Lehrenden, bezüglich seiner 4CID-Kenntnisse hinsichtlich der Durchführung von hoher Relevanz. Es muss gewährleistet werden, dass auch solche Nachwuchswissenschaftler die noch kein Forschungsthema erarbeitet haben oder aufgrund Zeitmangels nicht alle Lernangebote wahrnehmen können, ausreichend auf ihre zukünftige Antragsstellung vorbereitet werden.

# Literaturverzeichnis

Bastiaens, T., Deimann, M., Schrader, C., & Orth, C. (2015). *InstructionalDesign u. Medien* (Studienbrief 33073). Hagen: FernUniversität, Fakultät für Kultur u Sozialwissenschaft.

Baumgartner, P. (2016). *Mediendidaktische Szenarien* (Studienbrief 33074) Hage FernUniversität, Fakultät für Kultur- und Sozialwissenschaften.

Collins, A., Brown, J., & Newman, S. E. (1989). Cognitive apprenticeship: Teaching the cr: of reading, writing and mathematics. In L.B. Resnick (ed.), *Knowing, learning, a. instruction: Essays in honor of Robert Glaser* (S. 453-494). Hillsdale, NJ: Lawren Erlbaum Associates, Inc.

Flechsig, K.-H. (1996). *Kleines Handbuch didaktischer Modelle.* Eichenzell: Neuland – Verl für lebendiges Lernen.

Kirschner, P. A. & van Merriënboer, J. J. G. (2008). Ten steps to complex learning: A ne approach to instruction and instructional design. In T. L. Good (Ed.), *21st centu education: A reference handbook* (S. 244-253). Thousand Oaks, CA: Sage.

Klebl, M. (2015). *Didaktik und Technik- technikkritische Aspekte der Mediendidak. (Studienbrief 33075)* Hagen: FernUniversität, Fakultät für Kultur- u Sozialwissenschaften.

Markowitsch, J., Messerer, K., Prokopp, M. (2004). *Handbuch praxisorientiri Hochschulbildung.* Wien: WUV Universitätsverlag.

Niegemann, H., Domagk, S., Hessel, S., Hein, A., Hupfer, M., Zobel, A. (2008). *Kompendi. multimediales Lernen.* Berlin, Heidelberg: Springer- Verlag.

Potocnik, Janez & Europäische Kommission (2005). *Verhaltenskodex für die Einstellung v. Forschern. Europäische Charta für Forscher* (S.31). Abgerufen unt http://ec.europa.eu/euraxess/pdf/brochure_rights/eur_21620_de-en.pdf Stan 18.01.2017.

Schütt, M.-L. (2015). *E-Learning als Baustein im inklusiven Unterstützungs- u. Beratungssystem in Deutschland- Konzeption, Implementierung und Evaluation a Onlineangebots ‚MIT BISS' für Regelschullehrerinnen und Regelschullehrer.* Münst New York: Waxmann Verlag GmbH.

Schwarzer, G.(2001). Forschungsanträge verfassen. Ein praktischer Ratgeber f Sozialwissenschaftler/-innen. *Zeitschrift für Internationale Beziehungen, 1,*(S.14 156).Abgerufen unter: http://www.zib.nomos.de/fileadmin/zib/doc/ZIB_1_2001.p Stand 11.01.2017.

Terhart, E. (2015). *Didaktische Theorien und Modelle* (Studienbrief 33071) Hage FernUniversität, Fakultät für Kultur- und Sozialwissenschaften.

Terhart, E. (2016). *Grundlagen des Lehrens und Lernens* (Studienbrief 33072) Hage FernUniversität, Fakultät für Kultur- und Sozialwissenschaften.

Van Merriënboer, J. J. G., Clark, R. E., & de Croock, M. B. M. (2002). Blueprints for compl learning: The 4C/ID Model. *Educational Technology Research and Development, 50(. 39-64.

Van Merriënboer, J. J. G., Kirschner, P. A., & Kester, L. (2003). Taking the load off a learne mind: Instructional design for complex learning. *Educational Psychologist, 38*(1), 5-1 19.

Van Merriënboer, J.J.G., & Kirschner, P.A. (2013). Ten steps to complex learning: *A systematic approach to four-component instructional design* (2nd ed). New York: Routledge.